ÉTAT

DE

L'INSTRUCTION PRIMAIRE

DANS

LE ROYAUME DE PRUSSE

A LA FIN DE L'ANNÉE 1831,

PAR M. V. COUSIN,

MEMBRE DU CONSEIL ROYAL DE L'INSTRUCTION PUBLIQUE.

(Supplément au Rapport sur l'instruction publique en Prusse.)

PARIS,
CHEZ F.-G. LEVRAULT, LIBRAIRE,
RUE DE LAHARPE, N° 81.
STRASBOURG, MÊME MAISON.

1833.

In the interest of creating a more extensive selection of rare historical book reprints, we have chosen to reproduce this title even though it may possibly have occasional imperfections such as missing and blurred pages, missing text, poor pictures, markings, dark backgrounds and other reproduction issues beyond our control. Because this work is culturally important, we have made it available as a part of our commitment to protecting, preserving and promoting the world's literature. Thank you for your understanding.

ÉTAT

DE

L'INSTRUCTION PRIMAIRE

DANS

LE ROYAUME DE PRUSSE

A LA FIN DE L'ANNÉE 1831,

PAR M. V. COUSIN.

MEMBRE DU CONSEIL ROYAL DE L'INSTRUCTION PUBLIQUE.

(Supplément au Rapport sur l'instruction publique en Prusse.)

ÉTAT

DE

L'INSTRUCTION PRIMAIRE

DANS

LE ROYAUME DE PRUSSE

A LA FIN DE L'ANNÉE 1831.

L'instruction primaire est trop avancée en Prusse pour qu'il soit nécessaire d'en faire des relevés très fréquens. Les deux derniers que le gouvernement ait publiés sont séparés par six ans d'intervalle. Le premier est de 1819, le second de 1825. J'ai fait connaître ailleurs les résultats de ces deux importans travaux (1). On vient de faire tout récemment à Berlin un travail semblable qui donne l'état de l'instruction primaire en Prusse à la fin de l'année 1831, le nombre des écoles, celui des enfans qui les fréquentent, et des maîtres qui y sont employés. Ce document n'a pas encore été

(1) *Rapport, etc.*, page 263 à 295.

rendu public; je le dois à la bienveillance de M. le baron d'Altenstein, ministre de l'Instruction publique et des Cultes.

Les chiffres ne sont que des faits généralisés. Il faut donc commencer, avant de les employer, par se rendre un compte scrupuleux des faits que les chiffres représentent, et rechercher si ces faits sont certains. Or, ici toutes les garanties d'exactitude surabondent.

Comme la loi prussienne fait un devoir légal aux parens d'envoyer leurs enfans aux écoles à moins qu'ils ne prouvent qu'ils leur font donner à la maison une instruction suffisante, dans toute commune le comité proposé à l'exécution de la loi en matière d'instruction primaire *(Schulvorstand)*, dresse chaque année sur les registres de l'état civil la liste des enfans qui ont l'âge et par conséquent l'obligation d'aller à l'école. Le maître constate leur présence ou leur absence; dresse à son tour une liste de présence qui doit être conforme à la liste légale, fournie par le comité. Il est tenu de représenter deux fois par mois cette liste de présence au comité, lequel prend toutes les mesures nécessaires pour procurer l'exécution de la loi, et est lui-même obligé de représenter cette liste, certifiée exacte, à l'inspecteur d'arrondissement pour l'instruction primaire *(Kreis-Schul-Inspector)*. Celui-ci, après une vérification sérieuse, pour justifier que la loi est exécutée dans son cercle d'inspection, représente cette liste visée par lui au conseiller de département chargé dans l'administration départementale de tout ce qui regarde l'intruction publique *(Schulrath)*. L'administration départementale est également obligée de faire les justifications nécessaires devant la partie de l'autorité provinciale chargée de la haute surveillance des écoles dans toute l'étendue de la province *(Schul-Collegium)*. Enfin l'autorité provinciale doit compte de tout cela à l'autorité centrale ministérielle. Au sein du ministère est un bureau spécial de statistique, chargé uniquement de la vérification générale et de la généralisation de tous les documens fournis par les autorités publiques à tous les degrés de la hiérarchie. La direction de ce bureau est confiée à un membre distingué de l'académie des sciences de Berlin, M. Hoffmann. C'est de ce bureau que sort le dernier travail pour être présenté avec toutes les pièces justificatives au Ministre qui le rend public. On peut donc avoir toute confiance en des chiffres obtenus de cette manière et qui reposent en dernière analyse sur les listes légales des enfans en âge d'aller à l'école, et sur les listes de présence effective, controlées par des autorités diverses. Je joins ici, n⁰ˢ 1 et 2, un modèle de ces deux espèces de listes qui sont les mêmes pour toutes les écoles de la monarchie. Remarquez que les listes de présence étant vérifiées deux fois par mois, ne justifient pas seulement de la présence des enfans au commencement de l'année, mais de leur assiduité pendant l'année entière. Ainsi il n'y a point là de faux-semblans, de listes fictives. On sait avec certitude le nombre de jours où un enfant dans toute l'année a manqué à l'école. Le chiffre total des enfans d'une école que le maître adresse au comité communal de cette école est soumis dans la localité même au contrôle immédiat et constant de ce comité et au fréquent contrôle de l'inspecteur primaire de l'arrondissement. La vérité de toute la série des chiffres subséquens repose sur la vérité de ce total primitif, et celle-ci encore une fois a pour garantie le contrôle réciproque d'autorités diverses, qui toutes agissent sur les lieux. Nous pouvons donc marcher maintenant avec sécurité et tirer des chiffres toutes les conséquences qu'ils renferment, parce que ces chiffres sont des faits dont la certitude est incontestable.

Voici d'abord le résultat le plus général que donnent les tableaux de statistique qui sont sous mes yeux. Le recensement le plus récent de la population en Prusse la porte à 12,726,823 habitans. Sur cette population on comptait, en 1831, 4,767,072 enfans de un jour à quatorze ans accomplis.

Ce chiffre total repose sur les chiffres partiels que donnent à cet égard chaque province et chaque département de la Prusse dans le tableau n° 3 ci-annexé.

Par scrupule d'exactitude, observons que, dans ce nombre, ne sont pas compris les enfans des garnisons que la Prusse entretient à Mayence et dans le Luxembourg, parce que les écoles que ces enfans fréquentent ne font pas partie des écoles de la Prusse. Ces enfans sont au nombre de 660, sur lesquels 327 garçons et 333 filles.

En Prusse, l'âge d'école fixé par la loi est de 7 à 14 ans accomplis, et il faut remarquer en passant combien il est utile qu'il y ait un âge légal pour fréquenter l'école, chacun s'accoutumant ainsi à donner à l'instruction une place fixe dans la vie. En France il y a un âge pour entrer au collège et pour en sortir. Il est fort à desirer qu'il s'établisse de même un âge convenu pour aller à l'école primaire et pour la quitter. On voit de suite que l'âge de sortie ne peut excéder quatorze ans, car de plus longs sacrifices pèseraient à des familles pauvres, et les enfans doivent entrer déjà dans la carrière spéciale à laquelle ils se destinent. Si on sort à quatorze ans de l'école, il est naturel qu'on y entre à sept ans, car de sept à quatorze on a le temps nécessaire pour acquérir solidement le petit nombre de connaissances dont se compose l'instruction primaire, et on n'a pas non plus trop de temps pour cela, avec les distractions forcées des travaux de la campagne à certaines époques de l'année. La loi civile générale fixe à cinq ans, en Prusse, l'âge d'aller à l'école. La loi spéciale sur l'instruction publique le met à sept ans, et c'est alors seulement que commence la contrainte légale.

C'est une règle de statistique que, vu la proportion de la mortalité dans les divers âges, sur 100 enfans de un jour à quatorze ans, ceux de sept à quatorze forment les trois septièmes, ce qui donne sur 100 enfans environ 43 en état d'aller à l'école, ou, pour indiquer jusqu'aux moindres fractions, 42,857 sur 100,000, et par conséquent, en Prusse, 2,043,030 enfans sur les 4,767,072 qui composent la population totale des enfans de un jour à quatorze ans accomplis. Il suit de là que, si nous trouvons qu'il y a en effet 2,043,030 enfans dans les écoles de la Prusse, nous pourrons assurer qu'il n'y a pas dans ce royaume une seule créature humaine qui ne reçoive une éducation suffisante. Ce serait là un résultat admirable et qui éleverait bien haut le système d'instruction primaire qui l'aurait produit. Or, ce beau résultat est un fait incontestable. J'ai sous les yeux, et le tableau n° 3 déjà cité, présente, département par département et province par province, le nombre effectif des enfans qui d'après le relevé fidèle des listes de présence fréquentaient, dans l'année 1831, les écoles primaires publiques, et ce nombre est de 2,021,421 enfans.

La différence est donc seulement de 21,609 entre le nombre réel et le nombre normal.

Cette différence est bien légère, et encore elle disparaît entièrement si l'on tient compte des considérations suivantes :

1° Il ne s'agit ici que des écoles primaires publiques, et non des écoles privées qui sans être très nombreuses ne laissent pas que de renfermer un bon nombre d'enfans, surtout dans les grandes villes et dans quelques provinces arriérées où l'on ne sent pas encore toute la dignité de l'école publique.

2° On n'a pas non plus compris ici les enfans qui sont élevés chez leurs parens, ce qui comprendrait la plupart des enfans des classes supérieures.

3° On n'a pas non plus compté les élèves des classes inférieures des gymnases, presque tous âgés de moins de quatorze ans, et dont le nombre dans les cent dix gymnases de la monarchie s'élevait dans le courant de l'été 1832 à 17,935 élèves, tandis que les deux classes supérieures en comptaient seulement 5,848.

En tenant compte de ces trois nouveaux élémens, on reconnaît que non-seulement le nombre des enfans au-dessous de quatorze ans qui reçoivent d'une manière ou d'une autre le bienfait de l'éducation, est égal au nombre normal des trois septièmes de la population, mais qu'il doit même le dépasser, ce qui ne peut s'expliquer que par une supposition qui, nous le verrons tout-à-l'heure, est un fait certain, savoir que dans les provinces les plus avancées de la Prusse, par exemple, dans celles de Saxe et de Brandebourg, le goût de l'instruction est tellement répandu que les parens n'attendent pas l'âge de sept ans pour envoyer leurs enfans à l'école.

Voilà, je le répète, un résultat admirable, et avec les garanties que j'ai indiquées, un résultat au-dessus de toute incertitude. Il faut l'envisager sous ses faces les plus importantes.

La première chose à considérer est la part relative de chaque province et de chaque département dans ce chiffre total de 2,021,421 enfans allant aux écoles primaires publiques. La connaissance de cette proportion est en effet du plus grand prix pour l'appréciation de la civilisation relative des différentes parties de la Prusse. Mais elle ne nous intéresse pas directement, et sur ce point je me contente de renvoyer au tableau n° 3. On y verra que sur les huit provinces dont se compose maintenant le royaume, quatre dépassent de beaucoup le nombre normal des trois septièmes; que l'une d'elles, la province de Saxe comprenant les départemens de Magdebourg, Mersebourg et Erfurt présente la proportion de 54,515 enfans allant aux écoles publiques sur 100,000 enfans de un jour à quatorze ans, et que même le seul département de Magdebourg présente celle de 55,733 sur 100,000. Comme on peut bien s'y attendre, la province de Posen est la moins avancée. Berlin subit le sort de toutes les grandes villes où un contrôle parfaitement exact est plus difficile et où la loi ne peut s'exécuter aussi rigoureusement. Il y a aussi à Berlin comme dans toute grande ville beaucoup d'écoles privées. D'ailleurs l'organisation de l'instruction primaire publique y est assez récente. En revanche, Berlin a six gymnases qui dans l'été de 1832 avaient 2,061 élèves sur lesquels 396 dans les classes supérieures et 1,665 dans les dernières classes qui comprennent un très grand nombre d'enfans au-dessous de quatorze ans.

Un point de vue plus important pour nous est la part de l'un et l'autre sexe dans la somme totale des enfans qui reçoivent l'instruction primaire. Cette proportion est dans tout pays la mesure de la vraie force de l'instruction; car l'instruction n'a point de racines solides et d'avenir assuré, quand un des deux sexes qui de toutes manières influe si puissamment sur l'autre, en est lui-même dépourvu.

Grâce à Dieu, toute créature humaine en Prusse tombe sous la protection bienfaisante de la loi; l'obligation légale d'aller aux écoles est commune à l'un et à l'autre sexe. Aussi la différence de la part des filles et de celle des garçons dans la somme totale est-elle peu considérable. Sur 2,021,421 enfans qui vont aux écoles, on comptait en 1831 : 1,044,364 garçons; c'est-à-dire 43,694 sur 100,000, c'est-à-dire encore plus des trois septièmes de la population totale des enfans au-dessous de quatorze ans; et 977,057 filles; c'est-à-dire 41,106 sur 100,000 enfans.

La différence en plus pour les garçons s'explique par la fréquentation de l'école avant l'âge de sept ans; la différence en moins pour les filles s'explique aisément si l'on songe que l'éducation des filles étant de sa nature plus domestique, le nombre des enfans du sexe féminin qui sont élevés dans la maison maternelle, surtout parmi les classes aisées, est nécessairement beaucoup plus considérable que celui des garçons.

Je dois faire connaître maintenant la nature des écoles publiques auxquelles vont les 2,021,421 enfans, garçons et filles. En Prusse, comme désormais en France, si le projet de loi présenté sur l'instruction primaire est adopté par les Chambres, l'instruction primaire se divise en deux degrés : l'un qui représente les connaissances élémentaires dont nulle créature humaine ne peut être privée sans un vrai danger pour elle-même et pour la société; l'autre, plus élevé sans l'être beaucoup, destiné à cette portion du peuple qui sans être riche n'est pas non plus opprimée par l'indigence, et qui a besoin d'une culture un peu plus étendue et plus libérale. Le premier degré, l'instruction primaire inférieure, comprend les écoles dites *élémentaires* par la nature même de leurs objets; le second degré, l'instruction primaire supérieure, comprend les écoles qu'on nomme *bourgeoises* parce qu'elles sont faites pour cette partie de la population qu'en Allemagne encore on appelle la bourgeoisie. Ces écoles sont aussi nommées *écoles moyennes*, parce qu'elles sont intermédiaires entre les écoles élémentaires et les écoles savantes ou *gymnases*. Ce dernier nom d'école moyenne, tiré de la nature même de la chose, est parfaitement convenable, et déjà le besoin et l'instinct public commencent à le naturaliser en France. J'ai donné ailleurs (1) l'enseignement normal d'une école *élémentaire* et d'une école *moyenne*. Ici je n'ai qu'à donner le chiffre total des unes et des autres en Prusse à la fin de 1831.

Dans le tableau ci-annexé, n° 4, on verra qu'il y a 22,612 écoles primaires publiques pour les 2,021,421 enfans qui les fréquentent.

Sur ces 22,612 écoles, il y a 21,789 écoles élémentaires, et 23 écoles moyennes dont 481 pour garçons et

(1) *Rapport, etc.*, page 189 à 199.

342 pour filles. Or, on compte en Prusse 1,021 villes dont 26 seulement ont plus de 10,000 âmes. Ainsi, non-seulement toutes les villes de 10,000 âmes, mais les trois quarts de toutes les villes, ont, outre les écoles élémentaires indispensables à la dernière classe des citoyens, des écoles moyennes pour la bourgeoisie de ces villes.

Sur le nombre des enfans qui vont aux écoles, les écoles élémentaires sont fréquentées par 987,475 garçons et par 930,459 filles, et les écoles moyennes par 56,889 garçons et par 46,598 filles, ce qui donne la somme totale déjà citée de 1,044,364 garçons et 977,057 filles allant aux écoles. Il faut remarquer qu'en général les écoles élémentaires, surtout dans les campagnes, sont communes aux deux sexes, qui ne sont divisés le plus souvent, au moins dans les classes inférieures, que par une place distincte dans la même salle, tandis que dans les écoles moyennes, toutes les classes de filles et de garçons sont séparées et se font dans des salles différentes, sans aucune communication entre elles.

On compte, terme moyen :

 88 enfans pour une école élémentaire, garçons et filles;
 118 enfans pour une école moyenne de garçons;
 136 enfans pour une école moyenne de filles.

Aussi faut-il observer que dans les écoles élémentaires il n'y a ordinairement qu'un seul maître, tandis que dans les écoles moyennes on compte, deux, trois et souvent un plus grand nombre de maîtres et maîtresses. Ceci nous conduit à une dernière considération, celle du nombre des maîtres et maîtresses employés dans les diverses écoles primaires.

Le tableau n° 4 montre que pour les 22,612 écoles publiques, élémentaires et moyennes, de la monarchie, il y a en tout 27,749 maîtres et maîtresses, lesquels sont répartis ainsi qu'il suit:

21,789 écoles élémentaires.
- 22,211 maîtres en titre.
- 694 maîtresses en titre.
- 2,014 sous-maîtres et sous-maîtresses.

481 écoles moyennes de garçons.
- 1,172 maîtres en titre.
- 360 sous-maîtres.

342 écoles moyennes de filles.
- 538 maîtres en titre.
- 289 maîtresses en titre.
- 471 sous-maîtres et sous-maîtresses.

Ces nombres divers donnent un résultat important, savoir, le petit nombre de maîtresses comparé à celui des maîtres. Pour les écoles élémentaires, le nombre de 694 maîtresses, comparé à celui de 22,211 maîtres pour 21,789 écoles, fait voir qu'il n'y a pas une seule école qui n'ait un maître en titre, et je puis assurer que je n'ai pas trouvé en Prusse une seule école publique qui soit dirigée par une femme. On pense qu'en général le gouvernement de l'école exige une main virile, sauf au directeur, quand il y a lieu, à s'adjoindre une femme, mais en conservant toujours la direction suprême. Dans les villages, cette femme est ordinairement ou la femme ou la fille du maître d'école. Jamais elle n'est chargée que des leçons accessoires, celles qui se rapportent aux travaux de son sexe, et dans les villes, les leçons de chant. Quand l'école est riche et développée, cette femme a le rang de maîtresse en titre, et il n'y en a que 694 pour les 21,789 écoles élémentaires : ordinairement, elle n'est qu'une sous-maîtresse, un simple aide pour le directeur. C'est un préjugé, et un préjugé funeste, de croire que, dans des écoles d'externes telles que les écoles publiques, une femme seule soit capable de diriger l'éducation des filles ; car alors cette éducation est impossible sur une grande échelle : il serait impossible, en effet, de se procurer autant de maîtresses capables qu'il en faudrait pour toutes les classes de filles dans les 21,789 écoles de la monarchie. Il faudrait alors créer des écoles normales pour former des maîtresses d'école, en aussi grand nombre que les écoles normales ordinaires, c'est-à-dire s'imposer des difficultés énormes, et pour un résultat fâcheux ; car l'éducation serait loin d'y gagner en gravité, et dans une école de filles, c'est déjà un mauvais enseignement que le spectacle d'une femme qui dirige et d'un homme qui lui sert d'aide. Dans l'école comme dans la famille, le gouvernement appartient à l'homme, et c'est à la femme à l'assister. Il est tout simple que dans les écoles moyennes, qui sont beaucoup plus développées, la part de la femme soit un peu plus grande ; aussi voyons-nous ici, pour 342 écoles moyennes de filles, 289 maîtresses. Mais à côté de ces 289 maîtresses sont 538 maîtres. C'est donc toujours un homme qui est à la tête de l'école entière, et c'est toujours lui qui est chargé des leçons les plus importantes. Je regarde cette pratique comme le seul moyen d'avoir des écoles de filles. Mais je me hâte d'ajouter qu'en Prusse comme en Allemagne, la plupart des maîtres d'école sont eux-mêmes pères de famille, et qu'ils se marient de bonne heure.

Il ne reste plus qu'à faire connaître les établissemens destinés à préparer des maîtres capables pour les écoles élémentaires et les écoles moyennes; je veux parler des écoles normales primaires, appelées en Prusse séminaires pour les maîtres d'école (*Schullehrer-Seminarien*).

Il y a deux sortes d'établissemens de ce genre : les petites écoles normales, qui sont en grand nombre, et fort utiles, et qui sont à-peu-près ce que sont ou devraient être nos écoles-modèles; 2° les grandes écoles normales primaires, où le cours d'étude est de deux ou trois ans, et qui comptent chacune de 40 à 100 élèves. Je ne m'occupe ici que de ces dernières. Il y en avait, en 1831, 33 en pleine activité, c'est-à-dire, plus qu'il n'y a de départemens en Prusse, et un département prussien est moins étendu que le nôtre. On verra par le tableau n° 5, ci-annexé, la somme des dépenses de chacun de ces grands établissemens, avec la part des départemens et celle de l'État. Cette dernière, à elle seule, est d'environ 331,500 francs, circonstance que j'indique afin de donner une idée de l'importance de ces établissemens. Ils fournissent aujourd'hui à-peu-près tous les maîtres des écoles publiques élémentaires et moyennes de la monarchie. J'ajoute que la part de l'État dans les dépenses des écoles élémentaires et des écoles moyennes est, d'après un autre tableau annexé au précédent, n° 6, d'environ 863,700 francs, ce qui donne en tout 1,194,200 francs, somme considérable pour un pays qui n'a pas 13 millions d'habitans, et dans un système d'instruction primaire où les communes, les départemens et les provinces sont chargées par la loi de toutes les dépenses relatives à l'instruction primaire, dans lesquelles l'État n'intervient que gracieusement. Remarquez encore qu'on n'a point ici d'établissemens à fonder, mais seulement des établissemens formés et constitués à soutenir et améliorer.

Enfin, si on veut comparer les principaux résultats cette statistique avec ceux des deux statistiques de 1819 et de 1825, on trouvera que :

1° En 1819, le nombre des écoles était en
    tout de.................... 20,085
    En 1825, de................ 21,623
    Et en 1831, de............. 22,612

2° En 1815, le nombre des maîtres et maî-
    tresses était de............ 21,895
    En 1825, de................ 22,965
    En 1831, de................ 27,749

En 1825 le nombre des enfans au-dessous
    de quatorze ans était de.... 4,487,461
Celui des enfans de sept à quatorze
    ans était de............... 1,923,200
Celui des enfans allant aux écoles
    était de................... 1,664,218

En 1831, la population d'enfans au-des-
    sous de quatorze ans était de.... 4,767,072
Sur lesquels la population de sept à qua-
    torze ans était de......... 2,043,030
Sur lesquels le nombre des enfans allant
    aux écoles était de........ 2,021,421

Cette statistique comparée prouve abondamment que

l'instruction primaire est en Prusse dans un état très satisfaisant. On peut voir ailleurs (1) l'organisation à laquelle est dû un pareil succès. Je me contenterai de rappeler et de signaler les points suivans :

1° Une loi qui oblige les parens, les tuteurs, les maîtres d'ateliers ou de fabriques, à justifier, sous des peines correctionnelles plus ou moins fortes, que les enfans confiés à leurs soins reçoivent le bienfait de l'instruction publique ou privée, sur ce principe que la portion d'instruction nécessaire à la connaissance et à la pratique de nos devoirs, est elle-même le premier de tous les devoirs, et constitue une obligation sociale tout aussi étroite que celle du service militaire. Selon moi, une pareille loi, légitime en elle-même, est absolument indispensable, et je ne connais pas un seul pays où cette loi manque et où l'instruction du peuple soit florissante. En attendant que le progrès des mœurs publiques, le sincère amour du peuple et l'intelligence de la vraie liberté inspirent à nos Chambres une pareille loi, qui, j'en conviens, serait aujourd'hui prématurée et contre nos préjugés de tout genre, le gouvernement ne doit négliger aucun des moyens d'excitation et d'encouragement dont il dispose, directs ou indirects, pour arriver administrativement à un résultat à-peu-près semblable. Parmi les pratiques les plus sûres, je mets : 1° la fixation d'un âge déterminé pour entrer à l'école et pour en sortir; 2° l'institution de listes de présence sérieusement contrôlées par les autorités compétentes.

2° L'obligation imposée au clergé de n'admettre à la

(1) *Rapport, etc.*, page 163 à 263.

communion que les enfans qui justifient d'avoir fait où de faire leur temps d'école, obligation à-la-fois civile et ecclésiastique, qui intéresse l'église à l'école et rattache l'école à l'église par des liens intimes que tout homme d'état et tout vrai philosophe doit s'efforcer de resserrer. De là l'instruction considérée par les parens et par les enfans eux-mêmes comme le fondement de la vraie piété, et l'autorité religieuse mise au service des lumières.

3° L'institution d'écoles publiques pour l'accomplissement d'un devoir public. Aussitôt que l'état fait un devoir légal de la présence des enfans à l'école, et que l'église en fait un devoir religieux, l'état serait en contradiction avec lui-même s'il ne procurait l'exécution de la loi qu'il a lui-même portée, en exigeant l'établissement d'une école publique dans toute commune. Il n'y a de stabilité et d'avenir pour l'instruction primaire que dans les écoles publiques. L'industrie privée, qui ne doit jamais être contrariée, ne doit aussi jamais être considérée que comme un accident et par conséquent comme un luxe : l'état ne doit pas plus se reposer sur les particuliers de l'accomplissement de ses propres devoirs en matière d'instruction, que dans toute autre matière d'intérêt public et général.

4° La répartition des dépenses qu'exigent les écoles entre les parens eux-mêmes, qui, s'ils le peuvent, sont obligés de payer quelque chose; la commune qui est tenue de s'imposer elle-même une contribution d'école; le département et la province qui ont des fonds pour venir au secours des localités nécessiteuses; enfin l'état qui intervient à son tour : de manière que la dépense, ainsi divisée, atteigne tout le monde et n'accable personne.

5° La participation proportionnelle des pères de famille et de la commune, du département et de la province, de l'église et de l'état, à la surveillance et à l'administration des écoles, participation qui intéresse à l'instruction populaire tout ce qui a quelque pouvoir dans la société.

Telles sont les causes les plus générales de la prospérité de l'instruction primaire en Prusse, prospérité qu'établissent incontestablement les documens officiels que je viens de faire connaître.

Puissent ces causes si simples et si fécondes, se naturalisant dans notre chère patrie, y porter bientôt le mêmes fruits !

Ce 25 avril 1833.

V. COUSIN.

N° I.

PREMIER TABLEAU (dressé par les soins du comité local, à l'ouverture des cours semestriels d'été et d'hiver.)

Liste des enfans en âge d'aller à l'école. Commune de N***.

Numéros d'ordre.	NOMS de FAMILLE.	PROFESSION DES PARENS.	PRÉNOMS des ENFANS.	NÉS le { Quantième.	Mois et an.	EN AGE D'ALLER A L'ÉCOLE à dater de { Année.	Époque de l'année.	Doivent aller à l'école d'après leur âge, jusqu'à l'année*** (*époque de l'année*).	ONT ÉTÉ RETIRÉS DE L'ÉCOLE { Année.	Jour.	MOTIFS.

N°. II.

SECOND TABLEAU (signé par l'instituteur, visé et certifié tous les mois par le comité local.)

*Liste de présence de l'école de N***** pendant le mois de...... 183....*

Numéros d'ordre.	NOMS des ENFANS.	JOURS DU MOIS. Le signe I annonce l'absence du matin ; — l'absence d'une après-midi, et + l'absence du jour entier.																														TOTAL DES JOURS d'absence.	MOTIFS de L'ABSENCE.
		1	2	3	4	5	6	7	8	9	10	11	12	13	14	15	16	17	18	19	20	21	22	23	24	25	26	27	28	29	30	31		

N° III.

TROISIÈME TABLEAU. Recensement général *des enfans qui fréquentaient les écoles primaires publiques, à la fin de l'année 1831.*

NOMS DES DÉPARTEMENS de LA PRUSSE.	NOMBRE des enfans de 1 jour à 14 ans accomplis.		NOMBRE des enfans qui fréquentent les écoles publiq. élémentaires et moyennes.		Sur chaque 100,000 enfans il entre dans ces écoles publiques :
	Nombre par départem.	Total par province.	Nombre par départem.	Total par province.	
PROVINCE DE SAXE.					
Dép. de Magdebourg	193,071		107,605		55,733
« Mersebourg	213,677		116,801		54,662
« Erfurt	99,385		51,514		51,833
		506,133		275,920	54,515
PROVINCE DE WESTPHALIE.					
Dép. de Münster	125,360		60,179		48,005
« Arnsberg	166,085		79,696		47,985
« Minden	152,135		70,318		46,221
		443,580		210,193	47,386
PROVINCE DE BRANDEBOURG.					
Dép. de Potsdam (sans Berlin)	246,833		122,019		49,434
« Francfort-sur-Oder	246,170		114,527		46,524
« Berlin (La ville de)	67,709		20,341		30,042
		560,712		256,887	45,814
PROVINCE DE SILÉSIE.					
Dép. de Liegnitz	259,597		129,301		49,809
« Breslau	335,726		155,165		46,219
« Oppeln	293,939		116,077		39,490
		889,262		400,543	45,042
PROVINCE DU RHIN.					
Dép. de Coblentz	153,975		75,425		48,985
« Trèves	138,724		62,761		45,242
« Cologne	137,210		53,844		39,242
« Aix-la-Chapelle	120,590		44,993		37,311
« Dusseldorff	248,495		90,584		36,453
		798,994		327,607	41,002
PROVINCE DE POMÉRANIE.					
Dép. de Stettin	160,204		73,603		45,943
« Coeslin	129,896		50,535		38,904
« Stralsund	52,320		15,482		29,591
		342,420		139,620	40,775
PROVINCE DE PRUSSE.					
Dép. de Kœnigsberg	275,717		115,561		41,913
« Dantzig	124,859		51,315		41,098
« Gumbinnen	207,595		82,849		39,909
« Marienwerder	183,333		64,114		34,972
		791,504		313,839	39,651
PROVINCE DE POSEN.					
Dép. de Bromberg	142,555		32,714		22,948
« Posen	291,912		64,098		21,958
		434,467		96,812	22,283
Tot. gén. pour toute la Prusse.		4,767,072		2,021,421	42,404/000

Nota. On évalue généralement aux 3/7 de la population totale des enfans de 1 à 14 ans le nombre de ceux qui sont en âge d'aller à l'école (c'est-à-dire de 7 à 14 ans). Cette évaluation devrait donner pour chaque 100,000 enfans un nombre de . 42,857

QUATRIÈME TABLEAU. Recensement *des écoles primaires*
que des maîtres qu

ÉCOLES ÉLÉMENTAIRES.

NUMÉROS D'ORDRE.	NOMS des DÉPARTEMENS.	NOMBRE des					
		ÉCOLES.	MAÎTRES EN TITRE.	MAÎTRESSES EN TITRE.	SOUS-MAÎTRES et SOUS-MAÎTRESSES.	GARÇONS.	FILLES.
1	Kœnigsberg.....	1,427	1,466	24	125	57,735	53,214
2	Gumbinnen	1,010	1,049	8	72	41,462	39,000
3	Dantzig........	583	607	27	22	26,219	22,996
4	Marienwerder...	942	966	23	41	33,387	28,627
5	Posen	775	768	10	20	32,185	28,703
6	Bromberg......	509	535	2	13	17,892	14,692
7	Berlin (la ville de).	117	120	45	233	7,490	5,641
8	Potsdam	1,475	1,619	67	19	56,501	54,713
9	Francfort (Oder).	1,305	1,396	19	21	54,553	52,620
10	Stettin.........	1,063	1,120	11	23	34,979	32,811
11	Cœslin.........	937	956	5	12	22,862	21,001
12	Stralsund	388	345	53	9	7,472	6,014
13	Breslau	1,399	1,367	23	213	72,829	71,363
14	Oppeln	830	911	4	183	59,082	56,486
15	Liegnitz........	1,311	1,171	7	192	62,262	62,727
16	Magdebourg....	1,097	1,281	39	67	50,248	49,071
17	Mersebourg	1,129	1,213	4	75	50,712	51,049
18	Erfurt.........	484	517	7	40	23,865	22,796
19	Munster	476	378	98	63	30,177	29,585
20	Minden........	538	525	34	50	35,217	34,201
21	Arnsberg.......	792	804	37	52	40,756	38,339
22	Cologne........	468	426	46	118	28,241	25,381
23	Dusseldorff.....	710	713	10	165	47,199	41,677
24	Coblentz.	891	887	29	37	38,515	36,570
25	Trèves.........	688	636	48	92	31,709	30,596
26	Aix-la-Chapelle..	445	435	14	57	23,926	20,586
	TOTAL EN 1831.	21,789	22,211	694	2,014	987,475	930,459

IV.

publiques, élémentaires et moyennes, de garçons et de filles, ainsi y sont employés.

ÉCOLES MOYENNES.

GARÇONS.				FILLES.				
NOMBRE des				NOMBRE des				
ÉCOLES.	MAÎTRES EN TITRE.	SOUS-MAÎTRES.	ÉLÈVES.	ÉCOLES.	MAÎTRES EN TITRE.	MAÎTRESSES EN TITRE.	SOUS-MAÎTRES et sous-maîtresses.	ÉLÈVES.
35	86	23	2,980	11	15	12	13	1,632
18	40	4	1,384	15	13	2	»	1,003
13	35	6	1,425	3	6	2	8	675
13	36	8	1,353	3	11	3	5	547
13	31	6	2,133	7	5	4	11	1,077
1	5	»	130	»	»	»	»	»
26	44	161	3,077	54	40	48	315	4,113
49	118	3	6,236	35	51	22	13	4,569
32	82	6	4,029	25	38	18	11	3,328
31	65	10	3,139	23	31	16	6	2,674
19	80	11	3,592	18	85	6	»	3,080
21	36	»	1,232	16	5	21	1	764
36	95	27	5,835	12	16	15	8	5,138
3	6	7	319	3	»	7	4	190
23	63	6	2,475	19	44	12	1	1,837
22	74	16	4,244	19	58	44	9	4,042
40	93	19	7,636	35	62	9	9	7,406
11	36	6	2,309	11	32	7	9	2,544
8	9	»	397	1	1	3	2	20
5	10	3	424	5	7	5	»	476
18	32	6	550	2	4	2	»	51
4	13	6	209	1	2	»	»	13
15	30	9	774	16	7	13	36	934
13	27	8	311	1	3	4	3	29
8	15	8	285	3	»	4	1	171
4	11	1	213	4	2	10	6	268
481	1,172	360	56,889	342	538	289	471	46,598

CINQUIÈME TABLEAU. Recensement *des grandes écoles normales primaires en Prusse pendant l'année 1831, avec l'état de leurs dépenses.*

Numéros d'ordre	PROVINCES.	SOMME TOTALE DES DÉPENSES.			SUBVENTIONS DE L'ÉTAT.		
		Rixdales.	Gros	fen.	Rixdales.	Gros	fen.
	PRUSSE ORIENTALE ET OCCIDENTALE.						
1	École normale de Braunsberg...	4,440	11	9	4,149	10	9
2	— Dexen......	2,846	23	6	2,250	»	»
3	— Mühlhausen...	700	»	»	700	»	»
4	— Angerbourg...	1,590	»	»	1,300	»	»
5	— Karalène.....	6,656	»	»	5,980	»	»
6	— Marienbourg...	2,147	10	»	2,147	10	»
7	— Graudenz.....	2,050	16	3	2,050	16	3
8	— Jenkau......	5,311	18	1	»	»	»
	BRANDEBOURG.						
9	— Berlin.......	2,000	»	»	2,000	»	»
10	— Potsdam.....	5,430	»	»	5,430	»	»
11	— Neuzelle.....	11,554	2	6	6,945	2	6
	POMÉRANIE.						
12	— Stettin.......	3,410	»	»	3,069	»	»
13	— Coeslin......	2,608	»	»	2,556	»	»
14	— Bartswitz.....	250	»	»	250	»	»
	SILÉSIE.						
15	— Breslau {protestante.	4,543	6	»	3,909	6	»
16	catholique.	3,287	»	»	3,287	»	»
17	— Bunzlau......	3,800	»	»	400	»	»
18	— Ober-Glogau...	2,700	»	»	2,700	»	»
	POSEN.						
19	— Posen.......	4,675	»	»	4,675	»	»
20	— Bromberg.....	2,683	10	»	2,633	10	»
	SAXE.						
21	— Halberstadt....	2,750	»	»	2,150	»	»
22	— Magdebourg...	4,782	»	»	2,650	»	»
23	— Gardeleben....	685	»	»	685	»	»
24	— Weissenfels....	3,419	10	10	2,404	7	2
25	— Erfurt.......	3,706	»	»	3,255	»	»
	WESTPHALIE.						
26	— Bueren......	4,494	2	»	4,127	2	»
27	— Soest.......	3,270	»	»	3,120	»	»
28	— Petershagen...	522	15	»	300	»	»
	RHIN.						
29	— Meurs.......	3,000	12	6	3,000	12	6
30	— Dusseldorff....	787	23	9	100	20	10
31	— Bruehl.......	6,809	5	»	6,599	10	»
32	— Neuwied.....	2,999	17	6	2,999	17	6
33	— St.-Mathieu, village près de Trèves.	2,135	»	»	500	»	»
	Somme........	110,553	3	8	88,323	5	6
	En francs, environ...	414,750			331,500		

N° VI.

SIXIÈME TABLEAU. ÉTAT *des sommes payées annuellement par les caisses de l'état pour les écoles élémentaires et les écoles moyennes en Prusse.* (année 1831).

Numéros.	PROVINCES.	SOMMES POUR L'ANNÉE 1831.		
		Rixdales.	Gros.	fen.
1	Prusse orient. et occident...	52,012	6	7
2	Brandebourg	71,739	17	11
3	Poméranie...............	8,957	18	1
4	Silésie...................	17,796	23	»
5	Posen	9,186	6	1
6	Saxe....................	24,689	26	6
7	Westphalie..............	19,889	17	1
8	Rhin....................	16,655	29	9
9	DÉPENSES GÉNÉRALES......	9,390	»	»
		230,317	22	»
	Environ, francs.	863,700		

IMPRIMÉ CHEZ PAUL RENOUARD,
Rue Garencière, n° 5.

On trouve à la même Librairie :

RAPPORT SUR L'ÉTAT DE L'INSTRUCTION PUBLIQUE dans quelques pays de l'Allemagne, et particulièrement en Prusse, par M. Victor Cousin, pair de France, conseiller d'état, professeur de philosophie, membre de l'Institut et du Conseil royal de l'Instruction publique. Un vol. in-8°, avec six planches de plans d'écoles. 7 fr. 50 c.

GUIDE PRATIQUE DE L'INSTITUTEUR PRIMAIRE, précédé d'un aperçu sur les progrès de la pédagogie en France, par F.X.L. Levrault, ancien recteur de l'Académie de Strasbourg. Un vol. in-12. 1 fr. 50 c.

COURS NORMAL DES INSTITUTRICES PRIMAIRES, ou Directions relatives à l'éducation physique, morale et intellectuelle dans les écoles primaires, par Mlle Sauvan. Un vol. in-12. 2 fr.

MANUEL DE L'INSTITUTEUR PRIMAIRE, ou Principes généraux de Pédagogie, suivi d'un choix de livres à l'usage des maîtres et des élèves, et d'un précis historique de l'éducation et de l'instruction primaire. Un vol. in-8°. 2 fr.

ENTRETIENS SUR L'ÉDUCATION, par A. Mæder (Maître Pierre n° 9). Un vol. in-18. 40 c.

LE GUIDE DE L'INSTITUTEUR PRIMAIRE POUR L'ENSEIGNEMENT DU CALCUL, et particulièrement du système métrique. Deuxième édition, revue, corrigée et augmentée, par C. Ferber, professeur à l'école normale primaire de Strasbourg. Un vol. in-12. 1 fr. 50 c.

— MÊME OUVRAGE, collection de 120 feuillets de problèmes. Un vol. in-12. 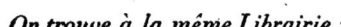 2 fr. 25 c.

ABRÉGÉ DE GÉOGRAPHIE, pour les écoles, par J.-F. Lamp. Un vol. in-12. 60 c.

— LE MÊME, avec 5 cartes. 1 fr.

ATLAS POUR LES ÉCOLES, accompagné de tableaux élémentaires de géographie. In-4°, cartonné. 4 fr.

IMPRIMÉ CHEZ PAUL RENOUARD, RUE GARANCIÈRE, N° 5.

Printed by Libri Plureos GmbH in Hamburg, Germany